Nach den seit 1.8.2006 verbindlichen Rechtschreibregeln.

Bibliografische Information der Deutschen Nationalbibliothek
Die Deutsche Nationalbibliothek verzeichnet diese Publikation
in der Deutschen Nationalbibliografie;
detaillierte bibliografische Daten sind im Internet
über http://dnb.ddb.de abrufbar.

Das Wort **Duden** ist für den Verlag
Bibliographisches Institut & F. A. Brockhaus AG
als Marke geschützt.

Alle Rechte vorbehalten.
Nachdruck, auch auszugsweise, verboten.
© Bibliographisches Institut & F. A. Brockhaus AG,
Mannheim 2008 D C B A
Redaktionelle Leitung: Eva Günkinger
Lektorat: Sophia Marzolff
Fachberatung: Ulrike Holzwarth-Raether
Herstellung: Claudia Rönsch
Layout und Satz: Michelle Vollmer, Mainz
Illustration Lesedetektive: Barbara Scholz
Umschlaggestaltung: Mischa Acker
Printed in Malaysia
ISBN 978-3-411-70810-9

Svenja will ein Junge sein

Luise Holthausen
mit Bildern von Christine Goppel

Dudenverlag
Mannheim · Leipzig · Wien · Zürich

Svenja steht im Bad
und wäscht sich die Haare.
Svenja hasst es,
sich die Haare zu waschen.

Papa und Niklas sitzen am Computer
und spielen Autorennen.
Svenja liebt es,
am Computer Autorennen zu spielen.
„Ich bin schneller als du!",
ruft Papa. „Guck mal,
wie mein Auto in die Kurve düst!"
„Dich krieg ich doch locker!",
antwortet Niklas.
Er drückt wie verrückt auf die Tasten.

Svenja rubbelt sich die Haare
mit dem Handtuch trocken.
Sie würde so gerne
bei Papa und Niklas mitspielen.
Aber Mama will ihr gleich noch
einen schönen Zopf flechten.
Für ihre Geburtstagsparty.
Heute feiert Svenja
nämlich Geburtstag.

„Ich hab gewonnen!",
hört sie Niklas jubeln.
„Los, Papa, noch einmal!"
„Jungen haben es viel besser
als Mädchen", denkt Svenja finster.
„Die müssen sich nicht fein machen.
Die müssen sich keinen Zopf
flechten lassen. Die kriegen
tolle Sachen geschenkt und
dürfen immer am Computer spielen."

1. Fall: Was spielen Papa und Niklas zusammen?

Computerschach

Auf der Ablage vor dem Spiegel
liegt die Schere.
Svenja schaut die Schere an.
Sie schaut ihre Haare an.

 Pferderennen am Computer

 Autorennen am Computer

Plötzlich wandert die Schere
fast wie von selbst in ihre Hand
und fängt an zu schneiden.
Bald liegen lauter dunkle Haarbüschel
um Svenja herum.
Und auf ihrem Kopf
sieht es ziemlich struppig aus.
Aber kurz.
Genau richtig für einen Jungen.

„He, das ist unfair!",
beschwert sich Papa gerade.
„Du hast mich abgedrängt!"
Das weiß Svenja doch schon lange,
dass Niklas unfair ist!
Sie schleicht sich in ihr Zimmer.

Obwohl draußen die Sonne
vom Himmel brennt,
kramt sie ihre olle schwarze Hose
aus dem Schrank.
Die vom letzten Winter,
bei der die Knie
schon fast durchgescheuert sind.

Niklas schaut um die Ecke.
„Was hast du denn
mit deinem Kopf gemacht?",
brüllt er los.
Er brüllt so laut,
dass Mama und Papa angerannt kommen.
Sie denken, Svenja ist etwas passiert.

„Deine schönen langen Haare!",
ruft Mama entsetzt.
„Ich brauche keine langen Haare mehr",
erklärt Svenja.
Mit einem Stift streicht sie
die letzten beiden Buchstaben auf
dem Namensschild an ihrer Tür durch.
„Ab heute bin ich ein Junge."

2. Fall: Wie viele Kinder hat Svenja zu ihrem Geburtstag eingeladen?

21:3

Um drei Uhr
fängt Svenjas Geburtstagsparty an.
Sieben Mädchen hat sie eingeladen.
Und Tilmann.
Weil Tilmann der netteste Junge
aus ihrer Klasse ist.

„Deine Haare sehen irgendwie
so komisch aus", meint Tilmann.
„Und deine Hose auch", sagt Marie.
Marie hat ein rosa Kleid
mit lauter Rüschen an.
So was hätte Svenja
nicht mal als Mädchen angezogen!

Svenja zeigt auf das Namensschild
an ihrer Tür.
„Ich heiße Sven", sagt sie.
„Ich bin ein Junge."
Alle Kinder singen:
„Happy birthday, lieber Sven!"

Danach stürzen sie sich auf den Kuchen und trinken Limonade.
Und dann macht Papa mit ihnen Spiele.
Topfschlagen und Brezelschnappen und Eierlaufen.

3. Fall: Was bedeutet „linsen"?

 freundlich blicken

Beim Topfschlagen schummelt Niklas.
Er linst unter
seiner Augenbinde hervor.
Beim Eierlaufen schubst er Svenja
mit dem Ellbogen zur Seite.
Und beim Brezelschnappen
gewinnt er sowieso.
Weil er der Größte
unter den Kindern ist.

 heimlich blicken   wütend blicken

„Du bist so was von gemein!",
schreit Svenja.
„Jedes Spiel musst du verderben!"

„Das ist doch alles Babykram",
meckert Niklas. „Ich will
sowieso lieber Fußball spielen.
Wer spielt mit?"
Dabei schaut er Tilmann an.
„Ich!", ruft Marie
in ihrem rosa Rüschenkleid sofort.
„Ich auch!", ruft Svenja schnell.
Niklas schaut immer noch Tilmann an.

„Meine Schuhe sind neu", murmelt der.
„Die dürfen nicht dreckig werden."
„Komisch", denkt Svenja. „Tilmann
hat doch die Schuhe an,
die er immer anhat …"

Niklas macht ein enttäuschtes Gesicht.
„Also gut", murrt er. „Svenja und Marie
spielen zusammen gegen mich.
Sonst ist es ungerecht."
Weil die anderen alle
keine Lust auf Fußball haben,
gehen sie zu dritt in den Garten.
Zwischen der kleinen Tanne
und dem Apfelbaum ist das Tor.

Marie schnappt sich sofort den Ball.
Sie dribbelt Niklas aus
und schießt den Ball haargenau
zwischen den beiden Bäumen hindurch.
„Tooor!", jubelt Svenja.

4. Fall: Marie schießt das erste Tor. Wie trickst sie Niklas aus?

Sie dribbelt Niklas aus.

„Das gilt nicht",
behauptet Niklas. „Wir haben ja
noch gar nicht richtig angefangen.
Erst muss ich das Spiel anpfeifen."
Er pfeift und spurtet im selben Moment
mit dem Ball los.

 Sie spitzelt Niklas den Ball vom Fuß.

 Sie drängt Niklas weg.

„Das gilt auch nicht!",
will Svenja rufen.
Aber das ist überhaupt nicht nötig.
Denn Marie hält locker mit Niklas mit.
Sie spitzelt ihm den Ball vom Fuß
und schießt das zweite Tor.

„Wir machen es anders",
keucht Niklas.
„Marie und ich gegen Svenja."
Das ist ja nun wirklich ungerecht!
Aber Svenja sagt lieber nichts.
Als Junge darf sie sich beim Fußball
nicht beklagen. Auch wenn ihr
in der ollen Winterhose
einfach oberaffenheiß ist.
Und die Hose sich anfühlt,
als sei sie tausend Kilo schwer.

Kein Wunder, dass Svenja
das Spiel 2:15 verliert.
Nach dem Spiel ist Maries Kleid
nicht mehr rosa.
Und Svenjas Hose hat endgültig
ein Loch im Knie.
„Ihr zieht jetzt erst einmal
saubere Sachen an", bestimmt Mama.

Jetzt ist Svenja doch froh,
dass sie ihr Sommerkleid
mit den blauen Punkten anziehen kann.
Auch wenn sie eigentlich ein Junge ist.
In dem Kleid ist es so schön kühl!
Der großen Marie
passen nur die Sachen von Niklas.
Deshalb kriegt sie sein Trikot.
Genau das Richtige
für ein Fußballass wie Marie.

Im Wohnzimmer sitzen
die anderen Kinder
um ein riesengroßes Plakat herum.
Sie malen Pferde
mit Svenjas neuem Malkasten.
Tilmann malt auch Pferde.

5. Fall: Weshalb hat Svenja Tilmann eingeladen?

Weil er so gut Fußball spielt.

Svenja guckt schnell zu Niklas.
Bestimmt wird er gleich
über Tilmann lästern.
Aber Niklas lästert nicht.
Er fragt bloß: „Wer will
Autorennen am Computer spielen?"
„Ich!", schreien alle.
Am lautesten schreit Svenja.

 Weil er so schöne Schuhe trägt.

 Weil er der netteste Junge aus der Klasse ist.

„Du darfst zuerst",
sagt Niklas zu ihr.
„Weil du heute Geburtstag hast."
Seit er haushoch im Fußball
gewonnen hat, ist er super gelaunt.
„Das ist eine tolle Party, Svenja",
schwärmt Marie.
„Sie heißt doch Sven", sagt Niklas.
„Und ist ein Junge."

Svenja zögert.
Will sie wirklich Sven bleiben?
So ganz blöd findet sie es ja
nun auch nicht, ein Mädchen zu sein.
Schon wegen des Sommerkleids.
Außerdem spielt Marie Fußball.
Und Tilmann malt Pferde.
Und alle spielen Autorennen.
Ganz egal, ob sie
Junge oder Mädchen sind.
Deshalb könnte Svenja eigentlich
auch wieder richtig Svenja sein.

Was sagst du dazu?
Warum will Svenja am Ende doch kein Junge sein?

Schreibe deine Antwort auf und schicke sie uns!
Als Dankeschön verlosen wir unter den
Einsendern zweimal jährlich tolle Buchpreise
aus unserem aktuellen Programm!
Eine Auswahl der Einsendungen veröffentlichen wir
außerdem unter www.lesedetektive.de.

Bibliographisches Institut &
F.A. Brockhaus AG
Duden – Kinder- und
Jugendbuchredaktion
Kennwort: **Svenja**
Postfach 10 03 11
68003 Mannheim
E-Mail: lesedetektive@duden.de

Duden-Lesedetektive: Leseförderung mit System

1. Klasse • 32 Seiten, gebunden

- Finn und Lili auf dem Bauernhof • ISBN 978-3-411-70782-9
- Nuri und die Ziegenfüße • ISBN 978-3-411-70785-0
- Eine unheimliche Nacht • ISBN 978-3-411-70788-1
- Franzi und das falsche Pferd • ISBN 978-3-411-70790-4
- Ein ganz besonderer Ferientag • ISBN 978-3-411-70795-9
- Das gefundene Geld • ISBN 978-3-411-70799-7
- Amelie lernt hexen • ISBN 978-3-411-70804-8
- Das Picknick im Wald • ISBN 978-3-411-70809-3
- Die Schildkröte im Klassenzimmer • ISBN 978-3-411-70814-7

2. Klasse • 32 Seiten, gebunden

- Die Prinzessin im Supermarkt • ISBN 978-3-411-70786-7
- Auf der Suche nach dem verschwundenen Hund • ISBN 978-3-411-70783-6
- Emil und der neue Tacho • ISBN 978-3-411-70789-8
- Sarah und der Findekompass • ISBN 978-3-411-70792-8
- Ein bester Freund mal zwei • ISBN 978-3-411-70796-6
- Eine Sommernacht im Zelt • ISBN 978-3-411-70800-0
- Das Gespenst aus der Kiste • ISBN 978-3-411-70805-5
- Ein blinder Passagier • ISBN 978-3-411-70807-9
- Svenja will ein Junge sein • ISBN 978-3-411-70810-9

3. Klasse • 48 Seiten, gebunden

- Anne und der geheimnisvolle Schlüssel • ISBN 978-3-411-70787-4
- Eins zu null für Leon • ISBN 978-3-411-70784-3
- Viktor und die Fußball-Dinos • ISBN 978-3-411-70793-5
- Nelly, die Piratentochter • ISBN 978-3-411-70797-3
- Herr von Blech zieht ein • ISBN 978-3-411-70802-4
- Prinz Winz aus dem All • ISBN 978-3-411-70806-2
- Herr von Blech geht zur Schule • ISBN 978-3-411-70812-3

4. Klasse • 48 Seiten, gebunden

- Der Geist aus dem Würstchenglas • ISBN 978-3-411-70794-2
- Der schlechteste Ritter der Welt • ISBN 978-3-411-70798-0
- Kira und die Hexenschuhe • ISBN 978-3-411-70803-1
- Die Inselschüler – Gefahr im Watt • ISBN 978-3-411-70808-6
- Betreten verboten! • ISBN 978-3-411-70813-0

Ihre Meinung ist uns wichtig! Wie gefällt Ihnen dieses Buch?
Wir freuen uns auf Ihre Rückmeldung unter www.duden.de/meinung

Gefunden!
Knote den Streifen einfach
an das Lesebändchen an
und fertig ist deine Fingerabdruckkartei
für die Detektivfälle!
Für jeden Fall im Buch gibt es einen
Fingerabdruck in deiner Kartei. Diesen
Abdruck findest du bei der richtigen
Antwort im Buch wieder.